BEI GRIN MACHT SICH IHR WISSEN BEZAHLT

Stephanie Töpert

Kindliches Lernen, Einfühlen und Verstehen aus neuro-biologischer Sicht

GRIN Verlag

Bibliografische Information der Deutschen Nationalbibliothek:

Die Deutsche Bibliothek verzeichnet diese Publikation in der Deutschen National-
bibliografie; detaillierte bibliografische Daten sind im Internet über http://dnb.d-
nb.de/ abrufbar.

Impressum:

Copyright © 2011 GRIN Verlag GmbH
Druck und Bindung: Books on Demand GmbH, Norderstedt Germany
ISBN: 978-3-656-18603-8

Dieses Buch bei GRIN:

http://www.grin.com/de/e-book/193633/kindliches-lernen-einfuehlen-und-verstehen-
aus-neurobiologischer-sicht

GRIN - Your knowledge has value

Der GRIN Verlag publiziert seit 1998 wissenschaftliche Arbeiten von Studenten, Hochschullehrern und anderen Akademikern als eBook und gedrucktes Buch. Die Verlagswebsite www.grin.com ist die ideale Plattform zur Veröffentlichung von Hausarbeiten, Abschlussarbeiten, wissenschaftlichen Aufsätzen, Dissertationen und Fachbüchern.

Besuchen Sie uns im Internet:

http://www.grin.com/

http://www.facebook.com/grincom

http://www.twitter.com/grin_com

Universität Kassel

Seminar: Entwicklung in der frühen Kindheit: Vom Säugling bis zum Grundschulkind

SoSe 2011

Kindliches Lernen, Einfühlen und Verstehen aus neurobiologischer Sicht

Stephanie Töpert

Lehramt für Haupt- und Realschulen
Fächer: Deutsch / Mathematik
6. Semester

Inhalt

1 Einleitung

Prägend für die Identitäts- und Selbstentwicklung von Menschen sind die Entwicklungen in der frühen Kindheit. Erfahrungen, die hier erlebt werden, bilden die Grundlage für weitere Entwicklungen eines Individuums. Folglich entsteht hier auch die Basis für das lebenslange Lernen. Die Entwicklungen in der frühen Kindheit bilden folglich auch für Pädagogen einen wichtigen Interessensschwerpunkt.

Namenhafte Psychoanalytiker und Bindungsforscher wie unter anderen Erikson, Winnicott und Piaget haben Entwicklungen in der frühen Kindheit untersucht. Sie entwarfen Theorien und Konzepte, die mit empirischen Untersuchungen bestätigt und teilweise auch revidiert oder erweitert wurden. Daneben gibt es jüngere Forschungen aus der Neurobiologie, die sich ebenfalls mit den Entwicklungen in der frühen Kindheit aus neurobiologischer Sicht beschäftigten.

Im Hinblick auf Lernvoraussetzungen und das Entstehen von Empathie und Intuition legt die vorliegende Ausarbeitung Ergebnisse aus neurobiologischen Untersuchungen dar. Zunächst wird erklärt, welche Voraussetzungen Kinder zum Lernen benötigen, wie die Lust am Lernen entsteht und wie neues Wissen aufgebaut wird. Im darauf Folgenden wird verdeutlicht, welche hirnphysiologischen Bedingungen Kinder zum intuitiven Verstehen und Lernen mitbringen.

2 Kindliches Lernen, Einfühlen und Verstehen aus neurobiologischer Sicht

2.1 Voraussetzungen für kindliches Lernen aus neurobiologischer Sicht

Das Hirn eines Kindes ist in seiner Struktur noch nicht festgelegt, daher tragen zur Entwicklung des kindlichen Gehirns maßgebend die Erfahrungen bei, die das Kind in seinen ersten Lebensjahren und bereits vor der Geburt macht. Durch Erlebnisse, die einem Kind widerfahren, werden bestimmte Nervenzellen und Netzwerke im Hirn genutzt. Eine häufige Nutzung stabilisiert die Vernetzung, nicht genutzte Nervenzellen verkümmern. Da das Kleinkind von seinen Bezugspersonen abhängig ist, haben diese einen entscheidenden Einfluss auf die Erlebnisse des Kindes und damit auf die Entwicklung des kindlichen Hirns.

Die nutzungsabhängige Strukturierung des Gehirns durch Erfahrungen findet bereits vor der Geburt statt. Im Mutterleib spürt das Kind Wärme und Schaukelbewegungen, hört den Herzschlag der Mutter, Stimmen, Geräusche und Musik und kann das Fruchtwasser schmecken. Aus diesen Erlebnissen resultieren die zwei wichtigsten Grunderfahrungen, mit denen das Kind auf die Welt kommt: „Das ist einerseits die Erfahrung engster, vertrauter Verbundenheit und andererseits die Erfahrung, aus dieser Sicherheit bietenden Verbundenheit heraus immer wieder neu über sich hinauswachsen zu können."[1]

Beide Grunderfahrungen zusammen bilden die Basis für die Offenheit, Lernfähigkeit, Entdeckerfreunde und Gestaltungslust. Sind diese Eigenschaften dem Kind nicht gegeben oder bilden sich mit der Zeit zurück, so ist das nicht auf das Gehirn des Kindes zurückzuführen. Die Verantwortung hierfür liegt in der Umwelt des Kindes. Eine ideale Entwicklung der Verschaltung von Nervenzellen im Gehirn wird beispielsweise durch das Hineinwachsen in eine Spaßgesellschaft, Reizüberflutung, Verwöhnung und Vernachlässigung verhindert. Verantwortlich für die Erhaltung und Förderung der angeborenen Lernfreude sind die Bezugspersonen des Kindes. Von vergangenen Erziehungszielen wie purem Gehorsam, Anstand und Fleiß haben sich heutige Erziehungsstile distanziert und versuchen den Bedürfnissen der Kinder gerecht zu werden. Daher befindet sich in dieser Hinsicht die Stabilisierung und positive Verstärkung der Lust am Lernen auf einem guten Weg.

Das Gehirn eines Säuglings ist in seiner Strukturierung und Entwicklung wenig ausgereift. Nur Verschaltungen und Netzwerke von Nervenzellen, die das Überleben absichern, sowie einige Reflexe, sind vorhanden. Die enorme Lernfähigkeit in den ersten Lebensjahren ermöglicht es, dass das Kind durch neue Erfahrungen erlernt, was es zum Leben in die hineingebo-

---

[1] Hüther, Gerald (2006): Wie lernen Kinder? Voraussetzungen für gelingende Bildungsprozesse aus neurobiologischer Sicht. In: Caspary, R. (Hrsg.): Lernen und Gehirn. Freiburg i. Br. Seite 71

4

rene Gesellschaft benötigt. Neu erlerntes Wissen wird in der Großhirnrinde abgespeichert, indem die bei der Geburt bereits vorhandenen Nervenzellen ein dichtes Geäst von Fortsätzen ausbilden. Die vielfältige Vernetzung von Nervenzellen führt zur Verdreifachung des anfänglichen Volumens der Großhirnrinde und zu einem Überschuss an Nervenzellenverbindungen. Das Überangebot an Nervenzellen reguliert sich nutzungsabhängig. Benötigte und verwendete Netzwerke bleiben erhalten und werden stabilisiert, unnötige und nicht genutzte Verschaltungen von Nervenzellen werden wieder abgebaut. Der entscheidende Einfluss auf die Entwicklung des kindlichen Gehirns durch Bezugspersonen ist auch hier deutlich erkennbar. Sie beeinflussen die Erfahrungen des Kindes und tragen damit zur nutzungsabhängigen Strukturierung bei.

Wie auch die Fähigkeit, ständig Neues hinzulernen zu können, so ist auch die Freude am Lernen den Kindern von Geburt an gegeben. Damit sich neue Netzwerke und Verschaltungen von Nervenzellen im kindlichen Gehirn herausbilden können, ist es notwendig, dass das Gehirn auf unterschiedlichste Art angeregt wird. Diesem Entwicklungsprozess ist aus neurobiologischer Sicht auch die Entdeckerfreude von Kindern zuzuschreiben, die Kinder von Beginn an in sich tragen. Anregungen, die vom Kind selbst aus entstehen, haben zu extrinsischen Anreizen den Vorteil, dass die Kinder bei den selbst gewählten neuen Erfahrungen besser an bereits vorhandenes Wissen anknüpfen können. Bestehende Netzwerke von Nervenzellen werden auf diese Weise unter besonders günstigen Bedingungen erweitert.

Die ständige Entdeckerlust entsteht dadurch, dass sich nach der Suche nach Neuem, was von einem Gefühl der Unruhe begleitet wird, Entspannung und Glückseligkeit eintritt. Dieser innere Zustand, der sich mit dem Entdecken von Neuem einstellt, ist mit dem Rauschgefühl von Drogenkonsumenten zu vergleichen. Durch die Freisetzung von Botenstoffen empfinden Kindern ähnlich, sie verspüren den Drang nach immer neuen Erfolgserlebnissen. Diese Lust wird in der Regel nur durch Ermüdungsphasen unterbrochen. Während des Schlafens kann dann Neuerlerntes im Gehirn verarbeitet und abgespeichert werden.

Zur Verarbeitung und Abspeicherung von neuem Wissen ist der Abgleich von neuen Wahrnehmungen mit „Erinnerungsbildern" notwendig. Diese sind bereits durch vorgeburtliche Erfahrungen im Gehirn vorhanden. Neue Wahrnehmungen regen im Gehirn Aktivierungsmuster an und werden dadurch mit „Erinnerungsbildern" abgeglichen. Stimmen beide Bilder überein, so wird die Wahrnehmung lediglich registriert. Sind nur partiell Ähnlichkeiten vorhanden, so wird das vorhandene „Erinnerungsbild" entsprechend der neuen Wahrnehmung modifiziert und als neues „Erwartungsbild" für folgende Wahrnehmungen abgespeichert. Im

Gehirn eines Kindes und auch eines Erwachsenen geschieht nichts, wenn es keinerlei Überdeckungen von beiden Bildern gibt. Daraus ist zu folgern, dass Menschen nur das wahrnehmen, was sie bereits kennen und erwarten.

Je häufiger Aktivierungsmuster stimuliert werden, desto mehr stabilisieren sich die dadurch angeregten Netzwerke. Nicht verwendete Verschaltungen werden allmählich abgebaut und gehen verloren. Durch diesen Prozess passt sich das kindliche Gehirn der Kultur an, in der es hineinwächst. Die so entstehenden „inneren Bilder" werden im Entwicklungsverlauf des Kindes komplexer und stabiler. Als „Sehbilder", „Hörbilder", „Tast- und Körperbilder", „Geruchsbilder" und „Bewegungs- und Handlungsbilder" laufen sie im Frontallappen zusammen und lassen ein Gesamtbild entstehen. Der Frontallappen dient dadurch der Steuerung von Verhalten und ist auch für das Verantwortungsgefühl, die Orientierung, Handlungsplanung und Empathiefähigkeit verantwortlich.

Die wichtigste Voraussetzung für gelingende Lernprozesse ist das Vertrauen. Ohne Vertrauen herrscht im Gehirn große Unruhe, sodass „Wahrnehmungsbilder" nicht mit „Erinnerungsbildern" abgeglichen werden können. Bei sehr großer Verunsicherung können nur noch sehr früh entwickelte Verhaltensmuster aktiviert werden. Das Kind reagiert dann mit Schreien, Angriff und Rückzug. Damit Neuerlerntes durch Anknüpfen an vorhandenes Wissen verarbeitet werden kann, bedarf es dem Gefühlt von Vertrauen. Kinder benötigen Bezugspersonen, die ihnen nicht nur Sicherheit geben, sondern an denen sie sich auch orientieren können. Damit sich die komplexen Netzwerke im Gehirn entwickeln und stabilisieren können, bedarf es Zeit und Ruhe. Ebenso gehören Fehler in den Lernprozess, denn nur so kann Neues erfahren werden. Die Selbstbestimmung wirkt sich positiv auf den Lernprozess aus, da hier die intrinsische Motivation besonders hoch ist und an bereits vorhandenes Wissen angeknüpft wird. Ebenso verhält es sich mit eigenen Problemlösungen. Kinder, die erfahren, dass sie selbst eine Herausforderung bewältigen können, fühlen sich in ihrem Selbstbewusstsein bestärkt, was wiederum dazu führt, dass sie in ihre Lernmotivation gesteigert werden. Eine wechselseitige Verstärkung von Gefühlen findet dann statt, wenn sich jemand mit dem Kind über die Lösung eines Problems freut. Das Kind erfährt, dass es andere Menschen glücklich machen kann. Diese soziale Resonanz bewirkt Lernbegeisterung.

Aus neurobiologischer Sicht bringt ein Kind die besten Voraussetzungen für das Lernen bereits bei der Geburt mit auf die Welt. Dass sich das Gehirn in idealer Weise weiterentwickelt, liegt in der Verantwortung der engen Bezugspersonen und der Umwelt, von der das Kind umgeben wird. Vertrauen, Unterstützung, Verständnis und Entfaltungsfreiräume sind dabei wesentliche Komponenten, die dem Kind entgegengebracht werden müssen.

2.2 Empathie und Verstehen aus neurobiologischer Sicht

Wie Empathie und Intuition entstehen, haben neuere Untersuchungen aus der Neurobiologie dargelegt. Die sogenannten Spiegelneuronen oder auch Spiegelzellen genannt, bieten die hirnphysiologische Voraussetzung für empathische Anteilnahme und das vorausschauende Erahnen von Handlungsabläufen.

Die Entdeckung der Spiegelneuronen und damit die Antwort auf die Frage nach der Entstehung von spontanen intuitiven Wissen und Mitgefühl ist dem italienischen Neurophysiologen Giacomo Rizzolatti von der Universität Parma zu verdanken. Er erforschte mithilfe von Messfühlern Zellen in der prämotorischen Hirnrinde von Affen. In dieser Hirnregion werden zielgerichtete Handlungen gesteuert. Dafür ließ er die Affen nach einer Nuss greifen. Anschließend ließ er die Affen lediglich beobachten, wie ein anderer die gleiche Handlung ausführte, also nach einer Nuss griff. Seine Untersuchungen zeigten, dass die Zellen, die dann „feuerten", wenn der Affe selbst nach der Nuss griff, auch dann Signale ausstießen, wenn der Affe nur Beobachter dieser Handlung war. Kontrollexperimente bestätigten, dass es sich bei beiden Versuchen um dieselbe Zelle handelte. Rizalotti et al. benannten die Neuronen „Spiegelneuronen", im Englischen auch „mirror neurons" genannt.

Mittlerweile wurden die Spiegelneuronen neben der prämotorischen Hirnrinde auch in anderen Hirnregionen entdeckt und auch beim Menschen nachgewiesen. Beobachtet eine Person eine zielgerichtete Handlung, so werden in seinem Gehirn prämotorische Nervenzellen aktiviert. Dadurch läuft eine Art Simulationsprogramm der beobachteten Handlung im Gehirn ab, wobei das Ausführen der Handlung unterdrückt wird. Der Beobachter wäre aber durchaus in der Lage, die beobachtete Tat selbst auszuführen. Parallel werden im Gehirn wahrgenommene Signale der Handlungsausführung registriert und mit bekannten Erfahrungen abgeglichen. Sobald das Gehirn ausreichende Hinweise vorliegen hat, die einen möglichen Handlungsverlauf erschließen lassen, stellt sich beim Beobachter ein Gefühl der Vorahnung ein. Die Spiegelneuronen des Beobachters kodieren auf Basis des eigenen Wissens eine Gesamtsequenz. Unbewusst schließt der Beobachter demnach aus seinen eigenen Erfahrungswerten auf den Ausgang der Handlung, er verspürt Intuition.

Spiegelzellen konnten unter anderem von William Hutchison et al. (1999) und Tanja Singer et al. (2005) in Hirnregionen nachgewiesen werden, in der sich die sogenannte „Schmerzmatrix" befindet. Die „Schmerzmatrix" bezeichnet den Teil des Gehirns, der aktiviert wird, wenn erlebter Schmerz ins Bewusstsein tritt und wahrgenommen wird. Die Spiegelneuronen in dem Schmerzzentrum sendeten auch hier nicht nur Reize, wenn Schmerzen am eigenen Körper verspürt wurden. Auch bei der Beobachtung von Schmerzauslösendem „feuerten" die Spiegelzellen in der „Schmerzmatrix". Dieser Befund weist nach, dass der Mensch Neuronen besitzt, die Mitgefühl und Empathie entstehen lassen. Die reine Beobachtung löst im Beobachter Selbstwirksamkeit aus, in diesem Fall verspürt er selbst Schmerzen. Eine bekannte Situation, die diese Wirksamkeit verdeutlicht, ist beispielsweise das Beobachten von einer Person, die mit nackten Füßen auf einen mit der Spitze emporstehenden Nagel tritt. Die Beobachtung löst im Beobachter häufig ein Zusammenziehen in der Bauchregion aus oder lässt ihn Zusammenzucken.

Desweiteren bewirken Spiegelneuronen Imitationstendenzen, die sich besonders bei Kindern noch uneingeschränkt zeigen. Andrew Meltzoff und Keith Moore (1977) sowie Mechthild und Hanus Papoušek untersuchten bei Kleinkindern das Imitieren von Gesichtsausdrücken. Auf der Basis dieser Untersuchungen konnte nachgewiesen werden, dass Säuglinge bereits bei der Geburt über Spiegelneuronen verfügen. Dieses „Spiegeln" von Gesichtsausdrücken ist die Grundform von Kommunikation. Säuglinge treten auf diese Weise mit ihrem Gegenüber in Kontakt. Durch die Spiegelneuronen findet folglich eine erste Sozialisation statt. Spiegelneuronen ermöglichen einen Zugang in die hineingeborene Welt und bilden die Basis für die Entwicklung von Intuition und Empathie.

Im Erwachsenenalter sind die Imitationstendenzen nicht mehr so ungehemmt vorhanden wie im Kleinkindalter. Dennoch lassen sie sich in einigen Situationen entdecken. Zum Beispiel tendieren Menschen dazu die gleiche Körperhaltung einzunehmen, die auch der Gesprächspartner einnimmt. Ein weiteres Beispiel ist das ansteckende Gähnen, das sich einstellt, wenn unser Gegenüber gähnt.

Studien unter der Beteiligung der Düsseldorfer Neurobiologen Zilles und Freund (Buccino et al. 2001: Cavo-Merimo et al. 2006) zeigen, dass Spiegelneuronen Lernenden den Eindruck vermitteln, dass sie Handlungen dann besser durchführen können, wenn sie die Ausführung vorher beobachtet haben. Damit bilden Spiegelneuronen die neurobiologische Grundlage für das Lernen am Modell.

Auch die Spiegelneuronen unterliegen der neurobiologischen Grundregel, dass sie sich durch ihre Verwendung weiterentwickeln und stabilisieren und bei Nichtnutzung verkümmern. Negativ auf die Weiterentwicklung von Spiegelneuronen wirken sich Angst und Stress aus. Sie lassen Spiegelneuronen verstummen. Damit Kindern Spiegelsysteme entwickeln können, durch die sie Empathie und Intuition verspüren können, müssen sie selbst empathische Anteilnahme und Zuwendung erleben. Das erleben dieser sozialen Resonanz wirkt sich wie ein Trainingsprogramm auf das Spiegelsystem aus und hat einen entscheidenden Einfluss auf die Selbst- und Identitätsbildung des Kindes.

3 Schlussteil

Die wichtigsten und grundlegenden Voraussetzungen für das Lernen wie für die Entwicklung von Empathie und Intuition sind aus neurobiologischer Sicht bereits bei der Geburt vorhanden. Basis für weitere Entwicklungen bilden Vertrauen und das Gefühl von Sicherheit.

Wie die Ergebnisse der neurobiologischen Untersuchungen zeigen, liegt der Großteil der Verantwortung für eine positive Entwicklung bei den engsten Bezugspersonen, also in der Regel bei den Eltern. Das Kind befindet sich während seiner Entwicklung zu einer erwachsenen, selbstständigen und mündigen Person noch für eine sehr lange Zeit in der Abhängigkeit von seinen Bezugspersonen. In den ersten Lebensjahren liegt die Verantwortung besonders bei den Eltern beziehungsweise bei den engen Bezugspersonen, die sich um das Wohl des Kindes kümmern. Später, wenn das Kind bereits weiterentwickelt ist und mehr Kontakt mit anderen Personen hat, dann sind auch weitere Bezugspersonen wie unter anderem Erziehern und Lehrer für die Förderung, Umfeldgestaltung und vor allem für die Sozialisation des Kindes verantwortlich. Daneben haben aber auch die Kultur und die Erziehungsstile erheblichen Einfluss auf die Entwicklung. Wichtig ist die Erkenntnis, dass die Verantwortung nicht allein bei einer oder wenigen Bezugspersonen liegt. Die Einflüsse, die auf das Kind wirken und die Erfahrungen, die das Kind im Laufe seines Heranwachsens macht, sind sehr komplex und können nicht allein durch wenige Personen gesteuert werden. Daher sollte das Ziel von allen Bezugspersonen sein, Kinder in ihrer Entwicklung zu fördern. Dazu gehören das Geben von Sicherheit, Zuwendung, Zeit und Raum zum Lernen und Selbstausprobieren. Das ist eine komplexe Aufgabe, die einer Abstimmung aller Bezugspersonen und Interessensgruppen bedarf und ist eine der dringlichsten Herausforderungen, derer sich unserer Gesellschaft zum Schutz ihrer Zukunftsfähigkeit stellen muss.

4 Literaturverzeichnis

Hüther, G. (2006): Wie lernen Kinder? Voraussetzungen für gelingende Bildungsprozesse aus neurobiologischer Sicht. In: Caspary, R. (Hrsg.): Lernen und Gehirn. Freiburg i. Br.; S. 70-84.

Bauer, J. (2008): Das System der Spiegelneurone: Neurobiologisches Korrelat für intuitives Verstehen und Empathie. In: Brisch, K.H., Hellbrügge, T. (Hrsg.): Der Säugling – Bindung, Neurobiologie und Gene. Stuttgart, S. 117-123.